법륜 · 열일곱

불교 - 과학시대의 종교

우 찬 툰 지음 | 남기심 옮김

고요한소리

Buddhism and the Age of Science

Buddhism - The Religion of the Age of Science

Thadu Maha Thray Sithu

U Chan Htoon

Formerly Judge of the Supreme Court of the Union of Burma

(The Wheel Publication No. 36/37 1962)

Buddhist Publication Society

Kandy, Sri Lanka

일러두기

- 이 책에 나오는 경經의 출전은 영국빠알리성전협회PTS에서 간행한 로마자 본 빠알리경임.
- 주요 술어는 빠알리어 음을 취했으며 빠알리어는 이탤릭체로 표기함.
- 모든 주는 역주譯註임.

차 례

소개의 글

이 책《불교 - 과학시대의 종교》는 미국에 본부를 둔〈과학시대의 종교연구소IRAS : Institute on Religion in an Age of Science〉가 주최한 1958년 8월의 제5차 여름학술대회에서, 태국에 본부를 둔 세계불교도우의회世界佛敎徒友誼會WFB: World Fellowship of Buddhists의 당시 회장이던 우 찬 튠 거사가 불교계의 대표로 초청되어 발표한 글 전문을 번역한 것이다.

이 회의에는 미국, 캐나다 각지에서 파견한 약 200여명의 대표자들이 모였는데, 저명한 과학자와 종교계 지도자들이 기조 발표를 하였다. 이 회의의 주제는 '과학시대 종교의 역할은 무엇인가?'였는데, 토론이 주제 초점에서 벗어나지 않도록 이 학술회의를 기획한 주최자 측에서 발표자들이 다루어야 할 문제를 질문 형식으로 미리 제시하였다.

이 질문들은 현대와 같은 과학시대에 종교의 역할이 무엇인가 하는 문제를 뚜렷이 적시하기 위한 것으로서, 오래된 전통적인 종교들이 이 과학시대의 시대적 도전에 대응하기가 몹시 어렵다는 것을 전제로 하고 작성한 것이다.

불교의 관점에서 보면 전혀 문제가 되지 않을 내용이지만 우 찬 툰 거사는 불교가 현대 첨단 과학 지식과 하나도 모순되지 않으면서 오늘의 삶에도 과학이 줄 수 없는 빛을 던져주고 있다는 것을 잘 설명하고 있다.

발표문은 우선 불교적 세계관을 요점적으로 정리해 보이고, 다음에 주어진 질문 하나하나에 답을 하는 형식으로 이루어져 있다. 이 발표문은 50여 년 전에 나온 것이지만 지금에도 그 내용의 참됨에 변함이 없고 불교적 가르침의 정수를 극명하게 잘 보여주고 있다.

우 찬 툰 거사가 1958년 당시에 회장으로 있던 세계불교도우의회WFB는 1950년에 스리랑카 콜롬보에서 27개국 대표들이 참석한 가운데 창설되어 태국에 본부를 두고 있는 단체로, 불교의 모든 종파가 참여하여 활동하고 있는, 세계에서 가장 크고 영향력 있는 국제 불교 단체이다. 미국, 유럽, 오스트레일리아, 아프리카 등의 35개국에 지부가 있고, 우리나라에는 1963년에 지부 위원회가 결성되었다.

이 학술회의를 주최한 〈과학시대의 종교 연구소IRAS〉는 1954년부터 종교와 과학 사이의 역동적이고 긍정적인 관계를 모색하는, 어떤 종파에도 속하지 않은 비영리 단체이다. 1954년 "과학시대의 종교"라는 주제로 시작한 이래 매년 학술대회를 개최해 오고 있으며 2008년에는 "생명의 발생 : 자연의 창조양식 - 인간의 경우"라는 주제로 54회째의 학술회의를 기획하였다.

우 찬 툰 거사는 이 회의에 앞서, 그보다 약 열흘 전에 미국 시카고 대학에서 열린 국제종교자유연합회IARF: International Association for Religious Freedom의 제16차 회의에서 역시 불교계 대표로 강연을 한 바 있다. 이 회의에는 불교, 기독교, 힌두교, 이슬람교, 유대교 등 5대 종교의 지도자들과 전 세계에서 파견한 천여 명의 대표자들이 모여 오늘의 세계가 안고 있는 윤리적, 정신적 문제를 어떻게 풀어나갈 수 있을지, 이 문제에 대한 각 종교의 상호 동의와 협력이 가능할 것인지를 논의하였다. 이 회의에서 우 찬 툰 거사는 과학적 사고와 기존 종교의 신앙이 충돌하는 갈등 국면에서 불교만이 할 수 있는 불교 고유의 역할이 있다는 내용의 강연을 한 바 있다.

옮긴이

불교 - 과학시대의 종교

이 자리에 발표자로서 초청을 받고서 저는 이 학술회의를 기획한 분들이 오늘 논의의 주제가 될 질문들을 얼마나 신중하게, 또 얼마나 사려 깊게 정하셨는지 참으로 깊은 감명을 받았습니다. 오늘날과 같은 과학시대의 종교가 지니고 있는 문제점을 적시摘示하기 위한 이 질문들은 인류 역사 속의 바로 이 시점에 꼭 짚어보지 않으면 안 될 우리에게 말할 수 없이 중요한, 날카로운 질문들입니다. 이들 질문 속에는 오늘의 물질문명 속에 정신적 가치가 결핍되어 있다는 것에 대한 점증하는 자각이 들어 있고, 오랜 종교적 확신에 대한 신뢰가 급속히 사라져 가고 있는 지금의 세상에서, 현재 우리가 안고 있는 문제들을 깊이 있게 파헤쳐보고자 하는 정직하고도 현실적인 고뇌가 깃들어 있습니다.

문제의 중요성에 비추어 저는 여기서 제기된 문제 하나하나를 실수행을 하는 불자의 관점에서 곧바로 짚어나가고자 합니다. 그에 앞서 불교적 세계관의 요강, 불교 사상의 배경, 삶과 인간의 본성에 관한 불교적 개념을 먼저 간략히 이야기 하고자 합니다. 차차 밝혀지겠지만 불교는 여러 가지 점에서 다른 종교와는 그 체계가 근본적으로 다르기 때문에 이러한 접근이 필요합니다. 이렇게 논의를 전개해 나가다 보면 이들 문제에 대한 불교의 해답이 서양 종교의 해답과는 아주 다르고, 불교 관점에서 보면 대부분 아무런 문젯거리가 되지 않는다는 것을 알게 될 것입니다.

잘 알려져 있는 바와 같이 고따마 붓다는 인도의 왕자로서 통치자의 삶을 버리고 자기절제와 명상의 생활을 하며 정신적 완성의 길을 걷는 고행자가 된 분입니다. 싯닷타 왕자였던 그분은 그 어떤 영성이나 영감, 또는 계시를 받았다고 한 적이 없다는 점에서 우리와 같은 보통 사람이었습니다. 궁극적 깨달음을 이루어 정등각자인 현세의 부처님이 된 다음에야 권위라면 권위를 가지고 비로소 정신적인 문제에 관해 설하셨습니다. 그러한 자리에 이른 것 역시 누구의 도움도 없이 오로지 자신의 노력만으로 성취한 것입니다. 부처님이 이룬 깨달음과 정신적 해방에 관한 법을 뒷받침하기 위해 제시한 근거는 오늘날에도 그

분이 가르친 법의 원리 속에서 볼 수 있습니다. 그분은 실제로 "오라, 와서 누구든지 스스로의 힘으로 나의 가르침을 자세히 살펴보고, 비판하고, 따져보라. 내가 펴 보일, 해탈에 이르는 방법을 실행하라. 나는 무엇이든 맹목적으로 받아들이라고 하지 않는다. 이 방법을 충분히 익히면 누구든지 나처럼 진리를 직접 보게 될 것이다."라고 하였습니다.

부처님의 가르침인 법과 그 수행 방법으로서의 팔정도는 부처님 재세 시로부터 오늘에 이르기까지 구전 또는 기록으로 온전하게 전해 오고 있습니다. 이천 수백 년에 걸쳐 대를 이은 아라한들, 곧 청정한 수행으로 해탈을 증득한 불제자들이 법의 참됨, 그리고 그 수행법의 효험을 계속 입증해 왔습니다. 부처님의 법은, 윤리학, 심리학, 종교는 물론 모든 형태의 삶을 조화로운 도덕적 질서 속에 다 포괄하는 완벽한 우주적 철학을 내포하고 있습니다. 불교가 과연 최근의 과학이 밝힌 여러 원리에 부합한다는 의미에서 과학적이라고 할 수 있느냐 하는 것은 여러분이 나의 이야기를 듣고 난 후에 판단하도록 남겨 놓겠습니다. 어떻든지 부처님의 가르침은 인간 본성의 이성적 측면과 감성적 측면 양쪽에 다 호소하고 있다는 것, 그리고 인류가 이루어야 할 가장 높은 정신적 열망이 무엇인지를 부처님 가르침 속에 제시되고 있는 궁극의 목표 안에서 찾을 수 있다는 것을 여러분들은 결국 인정하게 될 것입니다.

무엇보다도 불교 체계 속에는 창조주로서의 신이 들어설 자리가 없다는 것을 반드시 알지 않으면 안 됩니다. 창조주의 자리에 법*Dhamma*적 원칙과 법적 질서가 있고 이들이 가장 상위의 원리입니다. 이 원칙이 삼라만상에 두루 통하는 인과법칙의 정신적 양상입니다. 그런데 불교의 우주론은 상대성, 곧 모든 현상은 상호 연관되어 복합적인 성격을 띠는 사물의 기본 성격에 근거를 두고 있습니다. 세계 질서 혹은 우주는 자연의 법칙에 따라 생겨나고 사라지고 하지마는 거기에는 최초의 창조 행위라든가 최초의 원인이라는 것은 없습니다. 시간 그리고 사물의 상대성은 시작점이 없는 하나의 순환 고리입니다. 이 개념에 상응하는 현상이 바로 우리가 경험하는 물리적 세계에 있습니다. 옛날에는 사람들이 지평선을 보고 거기가 바로 땅의 끝이라고 생각했습니다. 그러나 우리가 지평선에 다가가면 갈수록 그것은 계속해서 뒤로 물러서서는 우리가 이 땅 위의 어느 지점에 있든지 항상 우리를 둘러싸고 있습니다. 그와 마찬가지로 우리는 시간을 비롯하여 모든 현상이 어떤 방식으로든지 시작점이라는 경계가 있다고 잘못 생각하고 있습니다. 시간이니 영원이니 하는 것도 마찬가지입니다. 시간에 시작이 있다고 생각하는 것은 지평선이 땅 끝이라 생각하는 것과 같습니다. 현재라는 것은 우리가 서 있는 시간 속의 한 점이며, 영원이라는 것은 그러한 시점이 멈춰 있지 않고 끝없이 뒤로 물러서 이어져 있는 것입니다. 지구 위의 어느 한 지점이 지면의 시작점이라고 할 수 없는 것과 마찬가지로 삼라만상이 있게 된 원인들을 아무리 거슬러 올라가도 그 시작이 되는 시간상의 한 점은 없습니다. 자연과학의 최근 이론에 따르면 전 우주가 바로 이와 같은 물리적 원칙 위에서 이루어졌다는 것이 거의 확실합니다. 그리고 우주의 본질이 우리의 이해 범위 밖에 있다는 사실이 수학적으로 사고하는데 아무런 영향을 끼치지 못합니다. 과학의 새로운 개념인 시간과 공간의 상대성은 불교철학에 처음부터 내재해 있었습니다.

살아있는 것의 삶, 정신적-육체적 차원에서 일어나는 사건들이 연속하여 이루어지는, 우리가 '생명'이라고 부르는 것 속에 법*Dhamma*적 질서가 일관되게 작용합니다. 그것 역시 시작이 없는 원인-결과, 관계의 끊임없는 흐름일 뿐입니다. 이 세상에서는 시작이 있었던 것이 사실이겠지마는 그 시작이란 것은 일련의 연속 속의 한 점에 지나지 않습니다. 그에 앞선 원인은 그 이전에, 지난 겁의 세상에 있었던 것입니다. 하나의 세상이 자연적인 진행의 과정 속에서 끝이 나면 그것을 지속시켰던 힘이 원자 요소로 분해되지만 그러한 붕괴 후의 무한히 긴 시간이 지나면 그것들은 재결합하여 또 다른 세상이 형성됩니다.

이러한 순환 고리의 원인은 업*kamma*, 곧 매순간 이어지며 생성되는 의식의 총체적 힘입니다. 사람의 자유의지는 심리 과정에 뿌리를 둔, 스스로의 과거 행위가 조성한 시간과 공간의 복합체 속에서 작용합니다. 이러한 과거 행위를 업*kamma*이라 하며, 그로 말미암아 생긴 결과를 불교에서는 과보*vipāka*라고 합니다. 과거의 업이 현재라는 조건들을 만들어낸 것이며 오늘 짓는 업은 앞으로 있을 조건들을 만듭니다. 불교 문헌에서는 새롭게 순환하는 세계는 지나간 세계에 살았던 모든 존재가 지은 업으로 인해 생기는 것이라고 단정적으로 진술하고 있습니다.

환생, 혹은 우리에게 더 익숙한 말일지도 모를 재생에 관한 개념은 오늘날의 서구인들에게는 과거처럼 그렇게 낯설지만은 않습니다. 재생이 꼭 있어야 할 법*Dhamma*적 필요성은 아마도 보통의 판단 범위를 넘어서는 것이라고 해도 좋을 것입니다. 이것만이, 이 우주에 도덕적 정의가 있다고 믿는, 우리가 주변에서 흔히 보는, 불공평한 듯한 사례들-불치병으로 신음하는 사람들, 시각, 청각, 지체, 정신 장애를 가지고 태어나거나, 사람의 힘으로나 어떤 신령한 힘으로도 어찌할 수 없게 일찍 죽어갈 운명을 타고나는 어린아이들, 세상이 공정하다면 있을 수 없을 것 같은 수많은 고통의 사례들을 설명해 줄 수 있는 유일한 길입니다. 이러한 모든 불운은 전에 지은 악업으로 인한 것입니다. 예수가 병을 고쳐주고 나서 자기가 병을 고쳐준 사람에게 "가라, 그리고 다시는 그대에게 어떤 불행이 닥치지 않도록 죄를 짓지 말라."라고 했는데, 그렇다고 불행을 안고 태어나는 갓난아이한테도 그것이 금생에서 지은 죄로 인해 받는 죄 값이라고 한다면 그게 말이 되는 걸

까요? 예수의 이러한 말이 보편적 진리를 증명하는 것이 아니라면 그것은 무의미할 뿐입니다.

이와 같은 불행은 '지금, 여기서' 선업을 쌓음으로써 피할 수 있습니다. 한 개인의 지금의 처지는, 단언할 수는 없지만 현세에 고쳐질 수도 있고 그렇지 않을 수도 있으나, 그것에 어떻게 대응할 것이냐 하는 것은 그의 의지에 달려 있습니다. 선한 행위를 함으로써 미래를 행복한 것으로 만들 수가 있는 것입니다. 어느 누구의 운명도 정해진 것은 없습니다. 자신의 의지로 만들어갈 뿐입니다. 개인의 운명은 끊임없는 방향 수정에 달려 있습니다. 부처님은 오늘의 불행을 바로잡기 위한 방법으로, 긍정적인 사고와 자비심으로 생명이 있는 모든 것에 대해 해를 끼치지 않겠다는 마음을 닦을 것, 보시를 할 것, 성적 자제를 할 것, 자기통제 수련과 정신 수양을 할 것 등의 바른 처신을 위한 원칙을 세웠습니다. 미래의 불행을 피하기 위해서 반드시 오늘의 잘못이 없어야 하는 것 외에 다른 방법이 없습니다.

부처님의 이와 같은 말씀으로 미루어 볼 때 과학의 힘

만으로는 인간의 삶에서 질병과 정신적, 육체적 고통을 결코 완전하게 근절할 수 없다는 것이 분명합니다. 과거의 업이 서로 달라서 그에 따라 타고난 성격, 지능, 소질의 개인적 차이가 너무 크기 때문에 모든 사람이 완벽하게 똑같이 평등한 사회가 결코 이루어질 수 없는 것 또한 분명합니다. 자연법칙은 인간의 삶에 그릇된 가치를 부여하려는 어떠한 시도도 용납하지 않습니다.

업의 원리는 숙명론이나 예정론과 정반대가 되는 것입니다. 우리의 현재의 처지는 과거에 지은 행위의 결과인 한편, 우리의 미래는 오늘의 행위에 의해 조성됩니다. 사람은 누구나 옳은 방향으로 노력함으로써 세속적 지위를 개선할 수 있을 뿐 아니라 정신적 발전에 있어서도 그 수준을 향상시킬 수 있습니다. 불교는 모든 것은 무상하다고 가르침으로써 재생 과정 속에 불변하는 항구적 요소는 없다는 것을 보여 주고 있습니다. 현상으로 나타난 개인의 성품은 순간순간의 의식의 연속체로서, 어떤 한 순간의 의식은 바로 그 앞 순간의 의식을 조건으로 하되, 자유의지가 개입할 수 있는 것이고, 그 자유의지는 개인의 성품의 흐름을 바꿀 수 있는 것입니다. 우리가 우리의 성격을 고치면 그와 함께 운명도 바뀝니다. 불교는 "성격이 운명을 결정한다."라는 경구警句가 그대로 깊은 심리적 진실이라는 것을 여실히 보여주고 있습니다. 진실로 사람은 자기의 본성을, 그리고 자기의 존재 양식을 만들어내는 신성한 힘을 가지고 있습니다. 사람은 금생에서 자기의 조건을 향상시킬 수 있을 뿐 아니라 내세에서 더 높은 경지에 이를 수 있습니다. 그러나 우리의 최상의 목표는 가장 높은 천상의 존재를 포함한, 모든 형태의 조건 지어진 존재로부터 해방되는 것입니다. 왜냐하면 이들 모든 존재는 결국 무상한 것이기 때문입니다.

살아있는 모든 것의 주처住處는 모두 서른 한 곳이 있는데 그 중에는 인간계보다 낮은 차원의 곳도 있고, 인간계보다 품격이 높은, 정신적 존재들의 주처도 있으나, 그 어느 곳에서도 영생은 없습니다. 모든 존재는 사후에 그들의 정신적 향상의 정도에 따라 천상계, 인간계 또는 하위의 악도에 태어나지만 그들이 지은 업의 과보가 지속되는 동안만 그 주처에 머뭅니다. 그 과보가 소진되면 그 주처를 떠나 다른 업이 이끄는 곳에 다시 태어납니다. 우리가 이 지상에 살아 있는 동안, 만약 이들 존재 상태를 우리 의식이 작용하는 각기 다른 정신적 차원으로 파악하게 된

다면 여러분은 정신적 우주의 비교적 정확한 그림을 그린 셈이 됩니다. 사람이 탐욕, 육욕, 증오나 난폭함에 사로잡혀 있다면 스스로를 낮은 정신적 차원에 머물게 하는 것이며, 만약 죽기 직전 마지막 순간의 의식에 나타나는 것이 이런 차원의 것이면 그는 그에 적합한 인간계 이하의 악도에 다시 태어나게 됩니다. 만약 그와 반대로 보편적 사랑, 자애심, 이타심, 이욕離慾 등의 더 높은 차원의 속성을 길러낸다면 이런 속성들이 죽음의 순간을 지배하게 될 것이며, 그것은 그에 상응하는 더 높은 주처로 그를 이끌 것입니다. 이러한 담마적 과정〔Moral law〕은 기계처럼 정확하게 작동합니다. 아무도 그것을 속여 넘길 수 없습니다. 그러나 그 법칙을 이용하여 정신적 향상을 향해 나아갈 수가 있습니다. 끊임없이 윤회를 하는 과정 속에 거듭 태어나는 영속적인 '영혼'이라든가 '자아' 같은 것은 없습니다. 다만, 모든 존재를 연속해서 있게 하는 인과율이, 개별적 인과의 길을 따라 빚어내는 생명의 연속체가 있을 뿐입니다.

부처님은 이 원리를 "네 가지 성스러운 진리〔四聖諦〕" 안에 다음과 같이 요약하였습니다.

조건 지어진 모든 존재가 다시 태어나고 늙어서 죽는 것을 포함하는 생명 과정은 어느 주처에서나 고苦와 결합되어 있습니다. 모든 유정물은 덧없음〔無常〕, 불만족〔苦〕, 실재적이고 지속적인 자아와 같은 존재가 없음〔無我〕의 세 가지 성질을 띠고 있기 때문입니다.

이 고통스러운 윤회는 갈애渴愛에서 비롯합니다. 갈애란 가장 저급한 동물적 탐닉으로부터 가장 품위 있는 정신적 즐거움에 이르기까지의 감각적 쾌락에 대한 갈증渴症입니다. 모든 욕망은 경험하고자 하는 욕구, 같은 것을 새롭게 경험하고자 하는 갈망이며, 살고자 하는 정신적인 의지를 돋우는 것이 바로 이 갈애입니다. 따라서 갈애는 우주에서 가장 강력한 에너지라고 할 수 있는 정신적 에너지를 생성하는 원천입니다. 그런데 이 갈애의 힘은 '실재'의 본질이 무엇인지 모르는 무지〔無明〕와 결합되어 있습니다.

우리가 갈애와 그로 인해 생기는 재생의 과정을 끝낼 수 있는 시점이 있습니다. 그때 갈애와 무지는 완전히 없어지게 되며 그와 동시에 집착과 애착의 마음도 사라집니다. 이와 같이 미혹에 지나지 않는 생명 과정이 끝나는 것을 열정이라는 불길의 꺼짐, 곧 열반이라고 합니다. 이것이 고의 끝이며 변함없는 유일한 실재입니다.

이 마지막 완성에 이르는 길이 바로 정신적 계발을 위한 여덟 가지의 바른 길〔八正道〕, 곧 바른 견해〔正見〕, 바른 사유〔正思〕, 바른 말〔正語〕, 바른 행위〔正業〕, 바른 생계〔正命〕, 바른 노력〔正精進〕, 바른 마음챙김〔正念〕, 바른 집중〔正定〕입니다. 이 여덟 가지 하나하나는 대단히 엄밀한 윤리적, 심리적 의미를 가집니다. 이들은 단순히 막연하고 체계가 없는 규범이 아니라 어떻게 생각하고 어떤 몸가짐을 해야 하는지를 정밀하고 체계적으로 처방한 사고 양식과 실천 방식입니다. 이들 모두는 함께 정신적 계발의 세 가지 필수 요소인 계戒, 정定, 혜慧를 이루고 있습니다. 이것이 고의 종식으로 가는 길입니다.

"사람으로서의 존재는 무엇인가?" 하는 물음에 대해서 불교는 불변하거나 고정적인 것은 아무 것도 없는 심리-물질적 과정으로 설명합니다. 그것은 과거의 업과 자연의 법칙에 의해서 생기고 또 그에 의해 지탱되는 상호 의존적 관계의 흐름입니다. 사람은 다섯 가지 무더기〔五蘊〕로 이루어져 있는데 그 중 하나는 물질적인 것이고 나머지 넷은 심리적인 것입니다. 색色(물질적인 육신), 수受(감관적 느낌), 상想(지각), 행行(심리적 형성), 식識(의식)의 다섯이 그것입니다. 이 다섯 중에 '행*saṅkhāra*'을 정의하기가 가장 어렵습니다. 서양 사상에는 비슷하게라도 이에 해당하는 개념이 없고, 이것이 뜻하는 모든 의미를 다 포괄하는 한 마디로 된 영어 단어가 없기 때문입니다. 넓게 말해서, 이것은 과거의 업에 의해서 작동되고 있는 어떤 경향 혹은 특성을 의미하는데 의지적 기능을 비롯한 여러 가지 정신적 기능을 포괄하는 뜻이 있습니다.

불교의 심리 분석의 세부적인 내용을 이 자리에서 다 설명하고 있을 수는 없습니다. 이것은 방대한 과제이며, 만약 능력 있는 서양의 심리학자가 체계적으로 연구하려 한다면 마음의 본질에 관한 현대적 개념을 몽땅 다 바꿔버리지 않으면 안 될 주제입니다. 여기서는 불교가 살아 있는 존재를 실체가 아닌 과정으로, 즉 연기적으로 이어진 사건의 연속으로 본다는 것만을 언급하는 것으로 충분합니다. 이 연기적緣起的 연속성 때문에 우리는 시간이 있고, 공간이 있으며, 사건이 있다는 개념을 가지게 되는 것입니다. 과거에 이루어진 업의 보이지 않는 힘이 우주의 여러 물리적 과정을 통해 작용해서 생명체를 만들어내는데, 그 하나하나는 복합적 생성물입니다. 마치 자동차가 엔진과 그 부속품들, 차대, 바퀴, 내부 장식물 등의 복합으로 이루어지는 것과 같습니다. 자동차가 이 중의 어느 한 가지만으로 이루어지는 것이 아니라, 이 여러 부품들이 작업대에서 한 데 조합되어 비로소 완성품이 되듯이 생명체도 마음과 육체의 다양한 요소로 이루어지는 것이며, 그 중의 어느 한 가지만으로 이루어지는 것이 아닙니다. 그러므로 '자아'는 여러 가지 원인에 의한 현상적 생산물이지 영속적이거나 자립적인 실체가 아닙니다. 이것이 '무아*anattā*'라는 불교의 원리가 뜻하는 것입니다. 우리가 '나'라고 생각하는 것은 무지에서 오는 환상이며, 해탈을 얻기 위해서는 마음이 '자기가 있다'고 믿는 환상으로부터 해방되어야만 합니다. 불교의 윤리와 수행은 모두 이 궁극적인 목표를 향한 것입니다.

"이 모든 것은 어떻게 시작되었는가?"에 대한 답은 없다고 할 수밖에 없습니다. 그 질문 자체가 사람의 제한된 이해력의 소산이기 때문입니다. 우리가 시간의 본질을 알고 상대성이 무엇인지를 이해한다면 시작이란 것이 있을 수 없다는 것을 알 것입니다. 이와 같은 질문에 대한 통상적인 답변은 모두 기본적인 결함을 지니고 있다는 것을 지적할 수 있을 뿐입니다. 만약에 무엇인가가 존재하기 위해서 그 이전에 그것을 만든 창조자가 있어야 한다면 논리적으로 그 창조자도 자신을 창조한 창조자가 또 있어야만 할 것이고, 그런 식으로 끝없이 거슬러 올라가야 할 것입니다. 반대로, 창조자가 또 다른 창조자가 없이 존재하는 것이라고 하면 이 논리는 송두리째 무너져버립니다. 창조주-유일신을 전제로 하는 이론은 어떤 문제도 풀지 못 합니다. 이미 제기된 문제들을 더 복잡하게 만들기만 합니다.

그런데 불교는 생명은 물론 온 우주를 하나의 과정, 곧 상호 의존적 인과관계의 복합체로 봅니다. 이 복합관계의 미궁에서 빠져나올 길을 찾기 위해서는 통찰적 지혜를 계발해야 합니다. 이 일은 계행을 닦음으로써 이룰 수 있는데, 이들 계행은 모두 '자아가 있다'는 의식과 이에 직결된 집착하려는 본능을 줄여 없애기 위한 것입니다. 이러한 도덕적 청정성〔戒〕의 계발과 함께 일반적으로 명상이라고 알려진 선정 수행〔定〕을 닦아야 합니다. 불교의 명상은 무의식 속의 신비감이 빚어내는 환상에 정신을 빼앗기는 것이 아니라 과학적으로 체계화된 정신 수행을 말하는 것입니다. 이렇게 수행하다 보면 천안통, 천이통, 타심통, 숙명통과 같은 신통력이 생기지만 이것이 명상의 목적은 아닙니다. 사실 이것은 극복해야 할 또 다른 형태의 집착이 될 수도 있습니다. 명상의 진정한 목적은 해탈입니다. 바른 집중〔正定〕을 계발함으로써 우리를 미혹으로 둘러싸고 있는 무명의 벽을 뚫고, 제트 추진 항공기가 음속의 벽을 돌파하듯이 시간과 상대성을 깨뜨려낼 수가 있습니다. 이 단계를 넘어서면 불제자는 사람의 마음이 만들어낸 무명과 환상의 문제들이 더는 존재하지 않는 궁극적 진리, 곧 열반에 이르게 됩니다.

부처님은 대지혜자이실 뿐 아니라 대자비자이십니다. 진리를 찾아 깨달으신 것도 고통 받는 중생에 대한 연민에서 비롯한 것입니다. 그분은 제자들에게 분별심 없이 모든 존재를 두루 포용하는 자애심을 키울 것을 가르치셨습니다. 이를 무량심無量心이라 하셨습니다. 이 거룩한 마음에는 자慈 *mettā*, 비悲 *karuṇā*, 희喜 *muditā*, 사捨 *upekkhā*의

네 가지가 있습니다. 이 사무량심은 인류에 대한, 나아가 모든 생명에 대한 우리 불자가 가져야 할 이상적인 마음가짐입니다. 금생에서 이 목표를 이룬 사람은 이미 순수한 정신만으로 존재하는 무색계, 곧 가장 높은 천상계에 살고 있는 것입니다. 이 지상에 천국을 실현하는 것이 가능하다면 오직 이 길뿐입니다. 그것은 마음의 천국이며, 외적인 환경으로부터 완전히 자유로워진 상태입니다. 금생에서 이 경지에 이른 사람은 설사 그가 가장 궁극적인 열반에는 이르지 못한다 해도 사후에 그 성취도에 합당한 천상계(정신세계)에 다시 태어납니다.

이제 이 학술회의의 논의 주제인, 오늘과 같은 과학시대의 종교가 당면하고 있는 문제들에 대해서 제가 불자로서 위에서 말한 것과 같은 세계관에 입각하여 해답을 제시하고자 합니다. 이에 대해 깊이 생각해 보시기 바랍니다.

과학적 사고가 지배하고 있는 문명 속에서 살아가는 오늘날의 사람들에게도 삶의 궁극적 목표가 무엇인지를 일깨워 줄 어떤 신앙이 필요한가?

과학은 물리적 세계를 살피면서 그것이 운행運行 되는 법칙을 발견해내는 것을 목적으로 하고 있습니다. 문명 속에서의 과학의 기능은 더 나은 삶을 위한 기술적 수단의 개발, 질병의 퇴치, 그리고 더 크게는 인간이 처한 자연 환경을 정복함으로써 인류의 삶의 질을 개선하는 것입니다. 과학은 근본적으로 '사람이 왜, 무엇을 위하여 사는가.' 하는 문제에 관심을 두지 않습니다. 그러나 과학은 앞서 언급한 그 본래의 기능을 수행하는 과정 중에 자연스럽게 인간의 본질과 근원을 밝히는 데 희망을 주는 특정한 원리들을 드러내게 되었습니다. 그러다 보니 과학은 기존의 유신有神 종교에 대해 사람들이 믿어왔던 관념을 크게 뒤흔들어 놓게 되었습니다. 그래서 지구가 태양계의 중심이 아니라는 사실을 갈릴레오가 발견한 때로부터 생물 진화에 관한 다윈의 첫 논문이 나오기까지 서양의 종교는 끊임없이 사상적 충격을 받을 수밖에 없었습니다.

그러나 이성과 지식과의 갈등에도 불구하고 종교는 죽지 않고 살아남았습니다. 이는 바로 사람들에게, 자기의 존재 이유를 설명해 줄 가설, 그리고 도덕적 가치에 대한 믿음과 이 지상에서의 단순히 안락하기만 한 삶 이상의 어떤 더 높은 목표가 있으리라는 본능적 믿음을 설명해 줄 수 있는 가설, 그것이 있어야 하기 때문이었습니다. 여하튼 오늘날 생각이 있는 사람이면 거의 누구나, 그 경이로운 업적에도 불구하고 과학은 결코 지상에 천국을 창조해 낼 수 없다는 데 이견이 없습니다. 우리는 한 가지 질병이 극복될 때쯤이면 또 다른 질병이 생겨나는 것을 보아왔습니다. 과학이 통제할 수 있게 된 박테리아는 스스로를 변형시켜 불과 몇 세대가 지나지 않아 동일한 방법으로는 잡을 수 없게 면역이 된 변종을 낳는 까닭에 과학은 새 기술을 찾기 위해 처음부터 다시 시작하지 않으면 안 되었습니다. 결코 과학의 성과를 폄하貶下하려는 것은 아닙니다만 생활의 편의를 위해 과학이 가져온 이득이 크기는 해도 많은 경우에 있어서 그것이 초래한 위험이 오히려 더 큰 까닭에 제가 보기에, 이러한 임시방편으로서의 과학보다는 지식의 원천으로서의 과학이 우리에게 더 필요할 듯합니다. 질병, 노쇠 그리고 죽음은 언제나 우리 곁에 있을 것이며, 사정이 그러할진대 인간의 삶은 언제까지나 불완전할 것이요, 슬픔과 불확실성의 그림자가 항상 어둡게 드리워 있을 것입니다.

서양에서 이해하고 있는 것과 같은 종교는 사람들을 실망시켜 왔을지도 모르지만 그래도 반드시 종교가 있어야 한다는 데는 변함이 없습니다.

우리에게 알려져 있거나 아니거나 간에 인간이 수긍해야만 할 그 모든 신적 권능에 관한 궁극적인 관심사에 대해서 설명해야 할 때 어디까지가 이에 대한 전통적인 종교의 역할인가?

이에 대해서 할 수 있는 답은 하나뿐입니다. 전통적인 종교는 인류가 현재 가지고 있는 지식과 미래에 갖출 수 있는 지식의 한도 안에서만 이 역할을 수행할 수 있다는 것입니다. 교조적 교리를 통해서는 이제 더는 이 역할을 수행할 수 없습니다. 전통적인 종교가 그 기본적인 가르침을 훼손하지 않으면서 과학이 밝힌 새로운 사실들과 사물의 실재 현상에 대해 지금까지 몰랐던 여러 가지 양상을 수용할 수 있을 때, 사람들이 받아들여야만 할, "알려져 있거나 아직 알려지지 않은 신적 권능"이 무엇인지를 보여 주면서 인류에 계속 도움을 줄 수가 있을 것입니다. 그러나 전통적인 종교의 교리가 절대로 오류가 없는 신의 계시〔天啓〕로서 확고하게 자리를 잡고 나면 그러한 일은

할 수가 없습니다. 신의 계시로 믿고 있던 가르침이 하나라도 잘못된 것으로 드러나면 그 체계 전체가 흔들려 버리고 맙니다. 이런 일은 한 번이 아니라 수천 번 있어왔고, 그러한 가르침을 믿는 데에도 한계가 있습니다. 대부분의 지식인들에게 있어서 이러한 한계는 이미 분명해졌으며, '신의 계시'에 대한 믿음은 수천만 년 전에 멸종한 뇌룡이나 마찬가지로 죽은 지 벌써 오랩니다.

이미 앞에서 지적했듯이 불교는 '신의 계시'를 따르는 종교가 아니며, 입증할 수 없는 교리를 가진 종교가 아닙니다. 불교는 삶의 진리에 도달할 수 있는 유일한 방법, 곧 아무런 선입견 없이 자신의 의식을 정밀하게 살피는 방법으로써 정각正覺에 이른 분이 얻은 삶에 관한 궁극적 진리입니다. 자연과학자가 외부세계를 관찰하듯이 붓다는 마음 혹은 정신이라는 내부세계를 관찰하였습니다. 붓다의 모든 가르침, 붓다의 자기 정화의 방법을 따르기만 한다면 누구나 자기의 것으로 만들 수 있다는 것입니다. 지적 측면에 있어서 불교가 과학과 모순을 일으킬 일은 하나도 없으며, 그런 일은 결코 있을 것 같지도 않습니다. 따라서 붓다의 가르침이 이 질문이나 다음의 질문에서 제기하는 것과 같은 기능을 계속 수행할 수 있습니다.

사물의 실재를 과학적으로 설명을 하고, 그것을 믿고 받아들이는 사회 안에서 전통적 종교가 이 기능, 곧 신적 권능이 무엇인지를 설명할 수 있는 이 기능을 어느 범위까지 수행할 수 있는가?

자연 현상에 관해 해석하는 것이 과학이 하는 일인데, 사람들은 자연 현상에 관한 정보를 감관을 통해서 얻으며 이에 근거해서 외부 세계의 모습을 마음속에 그립니다. 그런데 사람들이 그렇게 그리고 있는 외부 세계의 모습은 물리학이 제시하는 모습과는 딴판으로 다르기 때문에 사람들이 과학에 의지하여 눈으로 볼 수 있는 외부 세계에 관한 해석을 가지고서 궁극적 실재에 더 가까이 다가가게 할 수 있을 것인지 극히 의심스럽다는 사실을 인식하기에 이르렀습니다. 그러나 자연 현상의 본질에 관한 과학적 지식을 부인할 수 없는 한, 우리는 생물학적 진화 이론과 같은 확립된 과학적 사실들을 포함하여 그 전반적인 모습을 수용하지 않으면 안 됩니다. 불교는 현대 생물학이나 유전학이 가르치는 바와 같은 진화의 이론을 받아들이는 데 있어 아무런 어려움이 없는 유일한 종교입니다. 부처님의 위대한 설법 중의 하나인 〈범망경梵網經 *Brahmajāla Sutta*〉[1]에서 세계의 순환 과정 중에 진화와 퇴화가 어떻게 이루어지고 있는지에 대한 묘사가 있으며, 그 말씀은 오늘날의 지식과 완전히 일치합니다. 저는 여기서 한 걸음 더 나아가, 창조주로서의 신의 개념을 종교와 떼어놓고 생각할 수 없다고 믿는 사람들이 놀랄 사실에 대해 말하고자 합니다.

설사 과학에 의해, 시험관에서 생명이 있는 유기체가 만들어지거나 사람과 똑같은 지각 있는 생명체가 태어나게 하는데 성공한다 해도 불교의 진리는 추호도 그에 영향을 받지 않습니다. 그 까닭은, 생명이 어떤 방식으로 생겨나든지, 다시 말해서 자연스러운 탄생 과정을 통해서 태어나든지 아니면 어떤 인공적 방식을 통해서 생겨나든지 간에 그것은 생명의 흐름의 원인인 과거 업의 결과이며, 생명이 있는 유기체를 구성하는 데 필요한 요소들이 합성되는 곳이면 어디에서든지 이러한 방식으로 작용하기 때문입니다. 과학적 성취가 아무리 혁신적이라 해도 부처님의 가르침과 조금이라도 모순되는 것은 있을 수 없습니다.

1 《장부》 1경.

이러한 종교적 기능에 과학 자체가 기여할 수 있는 범위는 어디까지인가?

앞서 언급한 사실에 비추어 보면 불교의 경우에서와 같이 과학이 종교의 가르침을 확인해 줄 수 있을 때, 과학은 종교적인 믿음의 파괴자가 아니라 오히려 동반자 또는 가장 소중한 친구로서의 그 역할이 바뀔 것이 분명합니다. 그러나 자신의 역할을 사실의 규명에만 한정하고 있는 과학에 신화나 종교적 교리의 요구에 맞추어 사실들을 해석해 주기를 기대하는 것은 부질없는 일입니다. 과학은 결코 그런 일은 하지 않습니다. 서양 사회에서는 종교와 과학 사이에 갈등이 있을 때 꺾이는 쪽은 항상 종교였습니다. 그러나 불교는 지식을 증진시키고 있는 과학을 환영합니다. 여기서 더 나아가, 인류가 더 높은 정신적 진리를 깨닫고자 할 때 꼭 필요한 발상의 전환을 현대 과학이 가져올 것으로 확신하고 기대합니다. 우리는 부처님이 궁극적 진리에 과학적으로 접근한 유일한 종교적 스승이라고 굳게 믿습니다.

전통적인 종교들의 여러 신조 중에서 어떤 것들이 아직도 효력을

유지하고 있는가?

이에 대한 답은 오직, 자기의 신앙을 천명하는 각 종교단체 대표의 견해와 경험에서만 나올 수 있습니다. 불교로 말하면 그 교리의 근거가 모두 확실하며, 그런 까닭에 계속 효력이 있습니다.

종교적 신앙 체계가 다르기 때문에 양립할 수 없는 피차 상충하는 주장들이 서로 수용 가능한 공통분모로 조정되거나 맞줄임됨으로써 우리가 이성적으로 수긍할 수 있게 되는 길이 있을까?

역사적으로 서로 다른 신앙 체계를 조화시켜 보려는 다양한 시도가 있어 왔으나 그 어느 것도 성공하지 못했습니다. 그 중 한 가지만 예를 든다면, 시크교는 힌두교와 이슬람교를 조화시켜 보려는 노력으로 시작되었으나 불과 두어 세대도 지나지 않아 시크교도들은 인도에서 이슬람교의 가장 큰 반대 세력이 되고 말았습니다. 종교적 통합은 때로 인간의 사상적 폭을 넓혀 주기도 하지만 오히려 혼란과 실패로 끝막음하고 마는 경우가 더 많습니다. 예컨대, 신지학神智學과 같은 종교 통합의 현대적 시도가 있었으나 많은 추종자를 끌어 모으지 못했습니다. 서로 조화될 수 없는 생각을 조화시키려고 한 것이 오히려 본래의 교리보다도 이성적으로 더 수용하기 힘든 결과를 빚었기 때문입니다.

신앙 체계의 통합이 성공할 수 없었던 이유는 지극히 명백합니다. 유신론적 종교는 제각기 자기네 교리를 초월적인 존재인 신의 계시啓示라고 주장하고 있기 때문입니다. 이러한 '계시'들은 '창조'에 관한 설명이 다르고, '초월적 존재'의 성격과 의도에 대한 해석이 다르며, 신과 인간과의 관계, 사후의 운명에 대한 견해가 다릅니다. 이렇게 서로 일치할 수 없는 교리로 인해 정사正邪에 관한 피차의 체계 사이에 상당히 폭넓은 차이가 생기게 됩니다. '신의 계시'는 — 신의 새로운 계시가 있다면 모를까 — 결코 변경할 수 없는 것이므로 서로 다른 교리는 종교적 통합을 이루는 데 극복할 수 없는 장애로 남습니다. 기독교 안의 교파들조차 다 같이 똑같은 성경에 바탕을 두고 있다고 하면서도 상호간에 뿌리 깊은 적대감이 있습니다. 유신론적 종교는 자기네가 믿는 신이 유일한 신이라는 주장을 굽히지 않을 것이며, 다른 종교의 신앙은 모두 잘못된 것이라고 매도할 것입니다. 이러한 사실은 유태교, 기독교, 이슬람교 등 셈족 계통의 종교들 사이에서 두드러지는데, 이들의 갈등은 이미 성서시대에 각기 다른 신을 모시는 종족들 간의 논쟁으로 시작되어 오늘에 이르고 있습니다. 이들 종교가 통합될 가능성은 전혀 없습니다. 이러한 종교들에 관한 한 혹시라도 다른 쪽의 견해를 수용할 정도로 너그러워지는 일이 생긴다면 그것은 전적으로 종교에 대해 무관심해 질 때일 것입니다.

불교는 다른 사람들의 다양한 종교적인 견해에 대해서 관대할 것을 반드시 지녀야 할 미덕으로서 권장하는데 그 이유는 여러 가지입니다. 무엇보다도, 불교는 누구를 막론하고 어쩌다가 불교도가 되지 않았다고 해서 영원히 벌을 받는 것은 아니라고 가르칩니다. 다른 종교를 믿는 사람이라도 생전에 덕을 쌓았으면 사후에 천계天界에 다시 태어날 수가 있다고 합니다. 괴로움이나 행복은 업의 결과이지 어느 특정한 신앙에 대한 맹목적인 믿음 때문이 아닙니다. 불교에는 '믿음에 의한 구원'은 없습니다. 더 나아가, 불교의 '자애*mettā*'라는 것은 신앙, 종족 또는 피부색에 관계없이 모든 존재를 대상으로 하는 것입니다. 불교는 절대적 믿음과 무조건적 복종을 요구하는 '신의 계시'에 의한 것이 아니라 자기 스스로의 힘으로 진리와 실재를 찾아가는 체계이며, 그런 까닭에 이성적 비판과 객관적 분석을 권유합니다. 어떤 종교이든지 간에 더불어 사는 것이 불가능한 광신자들을 만들어내지 않는 한 불교가 항상 다른 종교와 평화롭게 이웃해서 살 수 있었다는 것을 역사가 입증하고 있으며, 불교는 지난 수백 년 동안 내내 그 누구에게도 개종을 요구하지 않는 관용을 보여 왔습니다.

그 여러 종교 중 어느 하나만이 옳은 것인가? 그렇다 해도 어떻게 그 타당성이 모든 사람들의 마음속에 입증될 수가 있는가?

만약 어떤 종교가 유일하게 믿을 수 있는 옳은 종교라는 개인적인 확신이 없다면 아무도 그 종교를 믿지 않을 것입니다. 그리고는 스스로 자기를 가리켜 불가지론자라느니, 합리주의자라느니, 또는 유물론자라느니 할 것입니다.

어느 한 종교의 교리가 타당성이 있느냐 없느냐 하는 판단은 엄격한 검증을 통해서만 이루어질 수 있습니다.

즉, 그 교리가 이성적 판단과 경험적 사실 그리고 우주와 생명의 본질에 관한 우리의 지식과 모순되지 않는지 검증될 수 있어야 합니다. 그리고 그 누구의 어떤 반론에도 그 종교가 주장하는 바를 우리가 개별적으로 확실하게 입증할 수 있는 방법을 제시하고 있어야 합니다.

이제 저는 이른바 '창조주'로서의 그 어느 신도 모든 사람이 받아들이지 않을 수 없는 최종적이고 결정적인 성격의 계시를 인류에게 내린 적이 역사상 단 한 번도 없었다는 사실에 주목하라고 하지 않을 수 없습니다. 오히려 그 '계시'라고 하는 것들은 끝없는 논쟁과 빈번한 종교적 박해를 불러왔을 뿐입니다.

불교는 그 가르침의 타당성 여부의 검증이나 입증에 있어서 아무런 어려움이 없습니다. 불교 철학은 이성적 판단 그리고 경험적 사실과 완전히 일치합니다. 그것은 과학이 밝힌 우주의 기본적 모습과도 일치하며, 자연의 정상적인 질서 밖의 어느 것도 믿으라고 요구하지 않습니다. 또한 불교는 궁극적으로 위빳사나*vipassanā*, 즉 직관적 통찰에 이르는 과학적이라 할 만큼 체계적인 정신 수

양과 명상 수행을 통하여 스스로 이것을 검증할 수 있는 방법을 제시하고 있습니다.

나사렛의 예수는 "나무가 좋으면 그 열매도 좋고, 나무가 나쁘면 그 열매도 나쁘다. 그 열매로 그 나무를 안다"[2] 라고 하였습니다. 불교에서의 성자, 즉 아라한은 그들의 정신적, 도덕적 면모를 보고 알아볼 수 있습니다. 만약에 인류 전체가 지적으로나 정신적으로 높은 단계에 이르러 있다면 이처럼 완벽하게 설명된 진리를 수용하지 못할 사람은 없을 것입니다. 그러나 이미 앞에서 말한 바와 같이 사람에 따라 과거의 업이 달라서 그 결과로 지적, 정신적 수준이 각기 다르기 때문에 모든 사람이 함께 진리를 똑같이 명석하게, 인식할 수는 없습니다. 처음 정각正覺을 이루셨을 때 부처님은 당신이 깨달은 진리를 사람들이 과연 이해할 수 있을까 의심스러워하셨습니다. 그 진리는 당시의 통념과는 너무나 달랐기 때문입니다. 그러나 부처님은 무명의 때가 '그저 엷게 눈을 가리고 있을 뿐인' 사람들이 적으나마 있다는 것을 바로 알아보시고 그들을 위하

2 〈마태복음〉 12장 33절.

여 법을 펼 작정을 하셨습니다.

우리 시대에도 한 줄기 희망의 빛이 있습니다. 대다수의 사람들은 결국 지식계층이 이끄는 대로 따라가기 때문입니다. 만약 모든 비합리적인 교리와 모든 교파적 소속을 떠나서 정신적 진리의 진수를 확신하는 지식인이 웬만큼 있다면 위대한 종교적 부활과 윤리적 가치의 회복을 이 세상에서 기대할 수가 있을 것입니다. 사람들 하나하나가 그 '진리'라는 종교를 자기가 이해할 수 있을 만큼 따르기만 한다면 그것으로 족할 것입니다.

종교에 대해서 사람들은 합리적일 수 없는가?

이 문제에 대해서 정직한 답을 하자면 무례할 만큼 솔직하지 않을 수 없습니다. 자기가 믿는 종교가 합리적이지 않으면 사람들은 종교를 합리적으로 받아들일 수 없습니다. 만약에 아직까지도 불합리한 믿음을 요구하고 있는 종교가 있다면 그것은 그 믿음이 비합리에 의해서만 지탱될 수 있는 그러한 것이기 때문입니다. 억지로 믿으려고 했을 때 이를 수 있는 곳은 바로 이 불합리밖에 없습니다.

종교적 광신주의에 대해서 합리주의자들이 혐오감을 가지는 것은 지극히 자연스러운 것입니다. 과학적 유물론의 모습을 띤 비합리적인 종교에 대한 반응 또한 마찬가지입니다. 그러나 대부분의 전통적 종교에서 불합리한 부분을 빼면 남는 것이 거의 없다는 것은 슬픈 일입니다. 종교가 서반구 세계에서 실패한 원인이 바로 이 때문입니다.

과학이 종교적 믿음을 위해서 해 줄 수 있는 것은 무엇인가?

정신적으로 병든 사람들의 치유를 위해서 심리과학이 할 수 있는 것은 무엇이며, 병든 사회를 위해서 사회과학이 할 수 있는 것은 무엇인가?

정신분석전문의나 사회복지사는 어느 정도까지 성직자나 전도사의 일을 대신할 수 있는가?

심리과학이나 사회과학이 이러한 종교적인 과제들을 수행하는 데 있어서 그렇게 비효율적인 것은 무슨 까닭인가?

이 세 가지 질문은 동일한 문제를 세 가지 다른 각도에서 보고 제기한 것이므로 한 데 묶어서 다루어야 합니다.

사람의 심리를 다루는 여러 학문 분야는 병든 마음을 치료하는 데 있어서 어느 정도 성과를 거둔 바가 없지 않으나 아직도 실험적 단계에 있을 뿐입니다. 많은 경우에 이들은 이 거칠고 어지러운 사회에서 흔들리는 마음을 잡아주는 것이 없기 때문에 생기는 긴장과 내적 갈등을 해소하는 데 아무런 도움이 되지 않습니다. 현대 의학은 신경증을 치료하는 데 진정제나 안정제 따위에 의존해 버리는 경향이 강합니다. 심리과학은 사람의 심적 불안의 요인이 무엇인지 아직 정확히 짚어내지 못했습니다. 그 요인을 밝혀내어 제거하지 못하는 한 이러한 '불안'의 완전한 치유란 있을 수가 없습니다. 심리학적 치료 방법은 오래 걸리고 힘들 뿐 아니라 그 성과도 결코 보장할 수 없습니다. 나아가 그러한 치료는 대부분의 소득 계층이 감당하기 어렵습니다. 사람의 자신감과 내적 조화를 회복시키는 데 있어서 오늘날 서구 사회에서 통용되고 있는 심리과학이, 확고하게 자리 잡은 종교적 신념만큼 성공적일 수 있느냐 하는 것은 조금도 장담할 수 없습니다. 심리과학으로는 정신적 가치에 대한 깊은 내적 각성을 이끌어

낼 수 없으며 이 위험한 세계에서의 안전감을 대신할 수도 없습니다. 그것은 종교의 몫입니다.

사회과학은 우리의 주변 환경과 외적 조건에만 관심이 있을 뿐입니다. 사회과학은 이 외적 조건들을 개선할 수 있는 한에서만, 그리고 사람들이 이 조건에 어떻게 반응하느냐에 따라서만 행복을 가져다 줄 수 있습니다. 사회과학은 사람들의 내적인 그리고 사적인 삶에 대해서는 상관하지 않습니다. 그러나 예측할 수 없는 폭풍에 휩싸인 것과 같은 긴장 속의 삶이 항시 안고 있는 위험, 그것으로부터 벗어나 있을 수 있는 피난처, 곧 평온과 자신감이 필요한 곳은 바로 내적이고 사적인 삶인데 말입니다. 사고, 질병, 육체적 · 정신적 기능의 쇠퇴 그리고 늙음과 죽음은 사회과학의 처방으로는 막을 수가 없으며 그런 점에서도 사회과학은 종교를 대신하지 못합니다. 본능적 욕구만 충족하면 되는 동물 이상의 존재인 인간은 자기 삶의 목적이 무엇인지, 그리고 자기의 운명이 어떻게 될 것인지를 알고 싶어 하며, 그러한 욕구가 대단히 강해서 아무것도 믿지 않기보다는 비록 허황할지라도 종교의 이름으로 제시하는 주장을 받아들일 자세를 가져 왔습니다. 과학이 발전함에 따라 사람들은 종교의 이러한 주장들을 받아들이기 어렵게 되었지만, 그렇다고 이렇게 깨트려버린 다양한 종교적인 믿음에 대한 만족스러운 대안을 과학이 마련해 주지는 못했습니다.

의학이나 생물학이 기여해야 하는 것은 무엇인가? 새 시대의 의료종사자들이 약물을 통해서 옛 종교 의식보다 더 효과적으로 우리에게 마음의 평화와 자애심을 가져다 줄 수 있는가? 외과 수술과 약물로 우리가 개인적인 구원을 얻을 수 있는가?

이러한 질문들은 같은 문제를 말만 바꾸어 표현한 것일 뿐입니다. 옛 종교 의식이 현대인에게 더는 치유 효과가 없기 때문에 약물에 의존할 수밖에 없게 되었고, 약물이 주는 효과는 심리적으로 현대인의 조상들이 종교 의식에서 얻었던 것과 똑같은 것일 수 있습니다. 약물이 일시적으로는 옛 종교 의식만큼의 효과를 거둘 수 있을지 모르지만 둘 다 심리적 불안의 근본적 요인, 곧 인간의 욕구를 잠재우지는 못합니다. 그러나 대다수의 전통적 종교들은 최소한 사람으로 하여금 욕망을 억제하도록 제동을 거는데 반해, 오늘날 우리의 상업적 문명은 모든 욕망이 다 채워질 수 있다는 환상을 심어주면서 그러한 욕망을 더 키

웁니다. 사람들은 아주 어릴 때부터 경쟁심을 가지도록, 그리고 가지고 싶은 것을 어떻게든지 손에 넣도록 가르침을 받으며 이러한 능력을 미덕으로 삼기에 이르렀습니다. 그러나 모두가 다 남과의 경쟁에서 이길 수 있는 것이 아니고, 남보다 많은 부를 얻을 수 있는 것도 아닙니다. 이런 일에 성공하지 못한 실패자가 되었을 때, 이것 외의 다른 생의 목표가 설정되어 있지 않으면 사람들은 좌절감과 적응 실패로 고통을 받습니다. 그뿐만 아니라 얻고 싶은 것을 다 얻지 못했다고 생각하는 사람의 수가 성공했다고 생각하는 사람의 수보다 많아질 수밖에 없습니다. 물질주의적 사회에서 경제적으로 실패한 사람은 옛 종교 체재 속에서 저주를 받은 사람이나 한가지입니다. 과학이 이러한 사람에게 줄 수 있는 것이 무엇입니까? 헛되이 완화제나 줄 수 있을 뿐입니다. 바로 이런 까닭에 사람들이 정신질환, 정신 신체 질환, 신경증을 앓거나 알코올 중독이 되고 범죄를 저지르게 되는 것입니다.

이에는 오직 한 가지 요법이 있을 뿐입니다. 곧 지식과 이해력입니다. 무슨 뜻이냐 하면, 사람은 자기의 존재를 지배하는 법칙이 어떻게 작용하는지를 알아야 한다는 것입니다. 사람은 자기가 나쁜 환경에 처해 있는 것으로 생각되면 자기가 왜 그러한 환경에 처해 있는지, 왜 남들은 자기보다 더 좋은 환경에 있는 것으로 보이는지를 알아야 합니다. 그것을 알면 절망에 빠지지 않고 그러한 처지를 견디어 갈 수 있으며, 기대를 가지고 더 나은 미래를 자신 있게 설계할 수 있습니다. 불교가 업과 재생에 관한 가르침을 통해 우리에게 주는 것이 바로 이 합리적 이해력입니다. 이것이 바른 삶을 향한 노력을 할 수 있는 힘의 원천이며 동기가 됩니다. 이 합리적 이해력이야말로 성직자와 그가 행하는 종교 의식儀式 그리고 현대 의료 종사자와 그들의 약물 처방, 그 두 가지 중 어느 것보다도 월등히 낫습니다. 이 불교의 합리적 이해는 사람들에게 자기 운명의 진정한 주인은 바로 자기이며 스스로 과거의 잘못을 넘어설 수 있다는 것을 보임으로써 하루하루를 정신적으로 새로워지게 하고 희망에 찬 시간으로 만드는 것입니다. 실질적인, 그리고 영구한 정신 치료는 자기 자신에 대한 이해와 자기 통제를 통해서 스스로 하는 것입니다. 이것이 불교 심리학의 바탕이며, 지혜와 통찰력을 얻음으로써 고통의 원인을 없애는 것이 불교 심리학의 목표입니다.

더 많은 곡식을 수확하기 위해서 우리가 제물을 신의 제단에 바치기보다 유전학자나 화학자에게 바치는 것이 더 효과적일까?

오늘날 교육을 받은 사람이면 대체로 과학자들을 신뢰합니다. 그리고 이 특수한 분야에 관한 한 그들은 옳습니다. 불교도들이 이해하고 있듯이 종교는 곡식을 많이 수확하고 못하고 하는 것과는 아무 상관이 없습니다. 밭을 부지런히 가꾸고 거름을 제대로 주지 않으면 신의 제단에 아무리 많은 기원을 한다고 해도 더 좋은 수확을 할 수는 없습니다. 그런데 농사짓는 사람이 과거에 좋지 않은 업을 쌓았을 경우에는 그 어떤 과학의 힘을 가지고도 벌레, 병, 불순한 기후 등이 그의 농사를 망치는 것을 막지 못합니다. 다른 모든 경우와 마찬가지로 이 경우에도 인과응보가 결정적인 요인입니다. 그러나 어떤 한 가지 결과를 낳기 위해서는 항상 하나 이상의 여러 원인이 작용합니다. 신의 제단, 과학, 혹은 자신의 노고 중 어느 하나를 전적으로 믿거나, 아니면 그 세 가지를 모두 믿는 것으로 충분한 것이 아닙니다. 불교는 과학적 유물론자나 유신론적 종교주의자, 상식적인 보통사람들의 해답과는 다른 해답을 주고 있다는 사실을 인식시키기 위해 저는 이 점을

특히 강조하는 바입니다. 아무리 조심을 해도 단순한 '우연'으로 보이는 일이 애써 지은 농사를 망친다는 것을 경험을 통해 알고 있는 농부라면 누구나 불교의 설명이 그 어느 설명보다 설득력이 있다는 것에 동의하지 않을 수 없을 것입니다.

생물학 분야의 과학은 사회적 무질서와 불공평을 막는 데 보탬이 될 수 있는가?

인간을 개조하는 데까지 이를 만큼, 다시 말하면 인위적으로 새로운 유형의 인류를 창조하는 데까지 이를 만큼 자연의 생물학적 과정에 개입하지 않고는 사회적 무질서와 불공평성을 막는 데 과학이 할 수 있는 일은 별로 없습니다. 범죄자나 범죄를 할 가능성이 있는 사람들의 뇌를 수술함으로써 법을 준수하는 시민으로 만들 수 있을지는 모르지만, 설사 그러한 미덥지 못한 기술이 완벽하게 이루어질 수 있다 해도 그 기술을 어떻게 운영하느냐 하는 문제가 남습니다. 그러한 수술은 개인의 인격과 자유의지를 침해할 수 있다는 점에서 무거운 도덕적 책임을 안게 될 것입니다. 개인의 인권이 말살된 전체주의적 사회에서나 그와 같은 수술이 널리 이루어질 수 있을 것입니다.

이 질문의 핵심적 문제는 불공평에 관한 것입니다. 생물학은 오직 모든 사람들을 평등하게 만들고, 인간 본성에 보편적 획일성을 부여함으로써만 불공평성을 방지할 수 있습니다. 집단적 사고로 개인과 개인 사이의 견해 차이를 없애는 그런 기술이 개발되고 있다는 점에서 이것은 이미 이론적으로 가능합니다. 미래에는 사람들이 개별적 정체성을 잃어버리고, 마치 개미사회의 단위 조직처럼 국가가 필요로 하는 대로 그에 맞추어 정신 감응을 전파하는 두뇌 센터의 통제를 받아서 집단적으로 사고를 하도록 유도하는 것이 가능해질 수도 있습니다. 불공평이라는 것은 그것을 의식하고 있을 때만 존재합니다. 불공평이라는 개념이 사라진다면 어떤 불공평한 일도 있을 까닭이 없습니다. 그러나 이론적으로 가능한 것과 실제로 그러한 것과의 사이에는 깊은 간극이 있습니다. 불평등과 불공평해 보이는 것의 배후에는 업의 법칙이 실재하는데 이에 간여하려는 인간의 시도는 언제나 실패했습니다. 민주주의에 입각한 법률로 균등한 기회를 부여하는 것은 가능할지 모르나 모든 사람의 지능이나 성격이 같아지도록 만들 수 있는 방법은 아직 찾아지지 않았습니다. 가장 기본적인 불공평성은 인간의 특성 그 속에 내재해 있습니다. 왜 어떤 아이는 뛰어난 지능을 가지고 태어나고, 왜 다른 아이는 정신박약자로 태어납니까? 생물학자는 개인적 특성이라는 것은 유전자를 통해서 물려받는 것이라고 말함으로써 이에 대한 해답을 가지고 있다고 생각할지 모르지만, 그것은 하나의 생물학적 과정을 기술하고 있는 것일 뿐이지 왜 그러한 과정이 생겨나는지를 설명하는 것은 아닙니다. 유전자들이 일정한 방식으로 결합하여 어떤 결과를 가져온다고 말하는 것은 유전자가 하필이면 '왜' 꼭 그런 식으로만 결합하느냐 하는 것을 설명하는 것과는 다릅니다.

불교도 그러한 과정이 있다는 것을 부정하지 않습니다. 다만 그 밑바탕에 있는 업이 원인이라고 지적하는 것입니다. 과학이 업의 작용을 훼방하기 위한 시도를 할 수 있고 또 그 업의 흐름을 어느 정도 바꾸어 놓을 수는 있겠지만, 그 결과는 종국적으로 인류에 대한 재앙이 될 것입니다. 사람은 개미처럼 획일적 상태로 살게 되어 있지 않습니다. 그러한 획일적 조건하에서는 인간의 지극히 높은 잠재적 가능성을 실현시킬 수 없기 때문입니다. 우리가 불공평하다고 의식하지만 않는다면 이 세상에 불공평이란 없다고 앞에서 언급한 바 있습니다. 그러나 이 문제에 대한 그보다 나은 해답은, 불공평에는 두 가지가 있다는 것을 인식하는 것입니다. 그 하나는 사람이 만든 불공평으로서 이것은 고쳐질 수가 있으며, 또 하나는 타고난 불공평으로 겉으로만 불공평해 보일 뿐인 것입니다. 사람들은 감옥에 갇힌 죄수들이 어떤 죄로 유죄판결을 받았는지는 모르면서 오직 그들이 현재 비참한 처지에 있는 것만을 보고 세상이 공평치 못하다고 탓할 수가 있습니다. 자기가 잘못을 저질렀기 때문이 아닌 것이 분명한데도 현생에서 이렇게 혹은 저렇게 불리한 입장에 놓인 사람들의 경우도 마찬가지입니다. 업에 대해서 아는 것이 없는 사람들은 감옥에 갇힌 죄수들이 무슨 죄를 짓고 거기에 들어왔는지 모르면서 감옥을 보러 온 사람과 같습니다. 그런 사람들은 오직 죄수들의 현재 불리한 처지만을 보고 있는 것입니다. 그러나 한 생에서 다음 생으로 이어지면서 작용하는 인과의 법칙을 이해하는 사람이라면 엄정한 업의 원리가 어떻게 작용하는지를 봅니다. 그러한 사람은 부당한 고통이란 없다는 것을 압니다. 또한 이러한 고통은 도덕적 계율을 지킴으로써 피할 수 있다는 것도 압니다. 이러한 이해만 있으면 사람들은 운명이 불공평하다는 생각으로 인한 감당할 수 없는 고통을 겪지 않을 수 있습니다. 이것이 생물학에서 해 줄 수 있으리라 기대하는 그 어느 방법보다 훨씬 더 효과적일 것입니다.

지구는 수많은 위험요소들을 안고 있다. 그런 위험 속에서 아무 걱정 없이 안전하게 살고 싶다는 우리의 소망에 대해 물리학은 화답을 하고 있는가?

과학기술의 덕택으로 우리가 많은 생활상의 편의를 누리고 있는 한편, 핵물리학 실험을 비롯한 과학 실험에는 우리의 생존을 위협하는 많은 위험 요소가 발생한다. 생활의 편의와 생존의 위협이 과연 서로 맞비길 수 있는가?

나아가, 인간이 가치를 부여하고 있는 모든 것에 대해서 우주가 무심하다는 생각 때문에 우리가 절망에 빠져버린다면 그 모든 편의가 무슨 소용이 있는가? 우주는 우리가 간절히 원하는 모든 것이 궁극적으로 태양과 더불어 생명의 소멸이라는 죽음의 냉기로 귀결되도록 운명지어져 있는 곳인가?

물리학은 사람들의 이러한 심정을 달래주거나 생각을 바꿔 줄 수 있는가?

우리 생활은 내연 엔진을 비롯해서 과학기술의 모든 성과 덕분에 편리해지기는 했으나 그에 비례해서 위험도 많아졌습니다. 과학기술이 우리에게 베푼 것 중에는 우리를 다치거나 죽게 할 수 있는 것도 있습니다. 사람들은 자동차나 비행기 사고로 죽으며, 노동 절약을 위해 고안된 기계에 감전사하고, 의사의 주사기나 수술용 칼에 죽음을 당하는 일도 흔합니다. 이러한 재난들을 사고라고 하지만 실은 인간이 자신의 탐욕, 증오, 무지 때문에, 또 도덕적 계율을 무시함으로써 과학기술을 오·남용하여 일어나는 것도 있습니다. 과학은 자연적 재해나 인간의 불완전성 앞에서는 여러 모로 무력합니다.

삶은 항상 서로 상반되는 것들과 조화를 이루어야 합니다. 어떤 일이나 유리한 점이 있으면 불리한 점도 있습니다. 과학기술이 정신적, 도덕적 가치에 맞게 적용되지 않고는 그것이 우리에게 더 많은 행복을 가져오리라고 기대하는 것은 헛된 일입니다. 설사 그런 방식으로 적용된다 해도 과학기술의 의도적인 오용이나 없앨 수 있을 뿐, 우리 주변에 항상 있는 우연한 재난은 어찌할 수 없습니다. 이런 재난이 왜 일어나는 것인지는 여전히 설명이 필요할 것입니다.

인간이 가치를 부여하고 있는 것들에 대해서 우주가 무심하다는 사실을 우리는 받아들이지 않으면 안 됩니다. 물리적 세계는 스스로 어떤 목적을 가지고 있다거나 은혜로운 신이 있다거나 하는 데 대해서는 아무런 암시도 하지 않습니다. 불교도는 이런 사실에 구애되지 않습니다. 삶이란, 욕망의 충족 이외에는 아무 목적도 없는 갈애渴愛라는 힘이 맹목적으로 작용하는 과정입니다. 연이은 재생이 그 안에 포함되어 있기 때문에 이 생명의 과정을 불교에서는 윤회*saṃsāra*라 합니다. 이 과정에는 어떤 형태로든지 생명을 가진 존재가 되려는 갈애, 그것을 충족시키기 위한 것 이상의 더 높은 목적은 없다고 봅니다. 이 점이 바로 불교가 과학과는 일치하고 유신론적 종교와는 완전히 상치되는 매우 중요하고도 근본적인 부분입니다. 불교에서는 더 높은 인생의 목표가 꼭 하나 있는데 그것은 사람이 설정하는 것입니다. 이 높은 정신적 목표는 갈애를 소멸시킴으로써 반복하기만 하는 재생을 그치게 하는 것입니다.

불교는 우주적 질서 또는 윤회를 넘어서는 '열반'이라고 하는 더 없이 높은 목표를 지향합니다. 오직 거기에서만 절대적 평화를 찾을 수 있습니다. 윤회 안에서는 모든 것이 투쟁, 곧 생존을 위한 끊임없는 몸부림만 있습니다. 바로 이것이 우리가 삶이라고 부르는 것의 본질입니다. 현대 심리학의 '쾌락 원리'와 생물학적 진화론에서 말하는 '생존 경쟁'은 모두 불교가 늘 인정해 왔던 것입니다. 그러나 그와 동시에 불교의 인과 법칙에는 도덕적 질서가 내재해 있습니다. 만약 누군가 무감각하고 비인격적이며 무심한 기계에 눌리듯이 인과율에 짓눌려 버린다면, 그것은 도덕적 질서를 깨닫지 못하고 자기의 자유의지를 잘못 행사하기 때문입니다. 인과의 법칙은 냉혹하고 사정이 없습니다. 그런 까닭에 더더욱 사람은 스스로 자비의 마음을 계발해야 합니다. 윤회에 매인 삶 속에는 없는 높은 자질을 그 속에 부어넣지 않으면 안 되기 때문입니다.

우리의 삶 속에 신성神性이라고 할 만한 것이 있다면 그것은 사람이 만들어낸 것입니다. 스스로를 정화하고, 욕망〔貪〕, 악의〔瞋〕, 미망〔癡〕의 세속적 본능을 소멸시킴으로써 사람은 스스로 '신'의 위치에 오를 수 있습니다. 윤회에서 인간계보다 높은 주처에는 청정한 신*visuddhideva*이라는 존재들이 살고 있습니다. 이 세상에 살고 있는 동안의 아라한도 역시 청정한 신입니다. 그들은 모든 세속적 집착이 끊어져 없어졌을 때만 얻을 수 있는 희열과 완전한 평화를 누립니다. 이 경지에 이르는 것이 도무지 아무 목적 없이 반복되는, 윤회하는 삶에 우리 스스로가 부여할 수 있는 목표입니다. 우주는 우리에게 아무런 목적도 부여하지 않습니다. 우리가 무엇을 목표로 삼든지 그것은 우리 마음대로입니다. 우리 앞에는, 재생이 있을 때마다 따라오는 모든 괴로움을 안고, 감각적 욕구를 채우기 위해서 계속해서 다시 태어나는 길을 가든가, 아니면 욕망의 불길을 꺼 없애고 열반이라는 지극히 높은, 궁극적인 경지에 드는 길을 가든가 하는 두 가지 선택의 길이 있습니다.

조건 지어진 존재는 무상하며〔無常〕, 괴로움에 매여 있고〔苦〕, 자기 실체가 없습니다〔無我〕. 그런 까닭에 이것은 엄밀한 의미에서 실재하는 것이라고 할 수 없습니다. 궁극적 실재는 윤회 바깥에, 윤회 너머에 있습니다. 열반이 어떤 것이라고 설명하는 것은 불가능합니다. 그 이유는 아주 간단합니다. 열반을 설명하는데 필요한 낱말이나 개념은 상대적 세계에서의 삶의 경험에서는 이끌어낼 수 없기 때문입니다. 열반은 경험만 할 수 있을 뿐 설명할 수는 없습니다.

그럼에도 불구하고 부처님은 열반이 무엇을 뜻하는지를 조금은 짐작케 하는 특정한 용어를 쓰고 계십니다. 부처님께서 열반을 조건 지어지지 않음*asaṅkhata*, 피안〔윤회 너머 *pāra*〕, 늙음이 없음〔不老 *ajarā*〕, 죽음이 없음〔不死 *amata*〕, 영원함*dhuva*, 귀의처*ṭhāna*, 구원처*lena* 등으로 표현하신 것이 그것입니다. 그러나 열반은 질적質的 가치를 가지고 논할 수 없습니다.[3] 왜냐하면 질質이라는 것은 상대적 가치를 의미하기 때문입니다. 따라서 열반은 정확히 설명할 수가 없습니다. 무상하고, 고에 매여 있으며, 실체성이 없는 이 윤회의 세계가 있기 때문에 무상하지 않고, 고로부터 자유로우며, 궁극적인 의미의 실재하는 무엇이 있다는 것을 아는 것만으로도 충분합니다. 이것이 우리가 '열반'이라는 말로 뜻하는 바로 그 '실재Reality'인

3 질quality: 보리수잎 · 마흔여섯 《학문의 세계와 윤회》(2019), 13쪽 참조.

것입니다. 이것은 어떤 사람들이 생각하듯이 부정적인 개념이 아닙니다. 부정과 긍정 양쪽 저 너머에 있는 것입니다. 부정이나 긍정은 상대적 세계의 양쪽 극단이기 때문입니다. 이 둘 중 어느 한 쪽은 다른 쪽이 있기 때문에 존재하는 것이므로 양쪽 다 절대적인 것이 아닙니다. 이러한 대립관계가 우주를 있게 합니다. 그런 까닭에 있지도 않은 '자아'가 가지는 관점과 관계가 있는 선과 악이 항상 혼재할 수밖에 없습니다. 열반은 자아라는 미망으로부터 자유롭기 때문에 인간의 자아 중심적 관점이 빚어낸 대립관계로부터도 자유롭습니다.

설사 태양이 죽어 이 세상이 온기라고는 없는 동토가 되리라는 것이 예견된다 해도 불교도는 낙담하지 않습니다. 부처는 우주, 혹은 순환하는 세계가 마치 개개인의 삶이 그렇듯이 끝없이 연속해서 생겼다가 사라진다고 가르치셨습니다. 우리가 사는 세상에 언젠가는 틀림없이 종말이 옵니다. 이전의 세상도 그러했고 앞으로도 계속 그럴 것입니다. 지금 이 세상에 사는 존재들은 그들의 업과 보에 따른 삶이 계속되는 한 다른 주처, 다른 우주에 다시 태어나기를 계속할 것입니다. 이러한 모든 존재 상태는

다 무상하되, 열반만이 변함이 없습니다.

과학은 사람들에게 위안을 주지도 못하고 사람들의 마음을 바꾸어 놓지도 못합니다. 오직 지혜와 이해력만이 그럴 힘이 있습니다. 우주와 삶의 본질을 알면 이러한 현실을 두려움이 없이 직시할 수 있습니다. 형성된 모든 것은 반드시 사라진다는 것을 알기 때문에 사람은 모든 우주가 무너져 없어지는 것까지도 평온한 마음으로 관망하게 됩니다. 그 사람이 추구하는 왕국은 이 세상에 속하는 것이 아닙니다.

과학이 종교에 끼친 공로는 부정적인 것인가?

우리는 괴로움이 없이 희망을 가지고 살기 위해서 전통적인 오래된 신앙들을 정신없이 찾아내어 매달려야 하는가? 그것들이 종교 이외의 다른 문제들을 푸는 데 있어서 우리의 과학적 소신에 비추어 아무리 비논리적이고 비이성적이라 해도 말인가?

우리가 비이성적인 삶을 견뎌낼 수 있을까?

과학적 지식은 독선적인 '계시' 종교에 대해 부정적일

뿐 아니라 확연히 적대적입니다. 그렇지 않다면 위와 같은 질문을 하지도 않았을 것입니다. 과학은 조금 다른 차원에서 진리를 위한 진심어린 탐색을 해왔습니다. 그러한 과학적 발견이 준 충격 때문에 종교에 대한 묵은 생각이 많이 무너져 내린 것을 사람들은 알고 있습니다.

그러나 불교에는 처음부터 현대과학의 모든 개념이 내재해 있었습니다. 생물학적 진화론으로부터 일반 상대성 이론에 이르기까지 고따마 붓다의 가르침과 모순되는 과학의 원리는 하나도 없습니다. 아인슈타인 자신도 현대과학의 사고방식이 수용할 수 있는 종교가 있다면 그것은 바로 불교라고 한 바 있습니다. 그러나 아인슈타인조차도 현대과학이 불교의 가르침에 얼마나 잘 부합하는지를 제대로 인식한 것 같지는 않습니다. 오직 부처님의 가르침 *Dhamma*을 여러 측면에서 공부하고 또 명상을 해 본 사람만이 그 가르침이 과학이 제기한 문제들을 푸는 데 얼마나 큰 빛이 되는지를 충분히 알 수 있습니다. 사실상 불교는 과학이 넘지 못하는 한계를 넘어서 있습니다. 다시 말하면 불교는 과학적 원리들을 더 높은 차원의 인식으로 끌어 올립니다. 물리학적 법칙은 정신적 법칙과 짝을 이루며, 이 둘이 만나는 자리가 있다는 것을 불교는 보여주고 있습니다.

물리학에서 단단해 보이는 모든 물체가 실제로 단단한 것으로 이루어진 것이 아니라 실은 전자 에너지의 흐름이라고 한다면, 그보다 앞서 그와 같은 말을 한 것은 부처님입니다. 과학 철학자가 이 실체가 없는 원자적 현상을 단단하고 내구성 있는 물질로 인식하도록 우리의 감관이 우리를 속이는 것이라고 말한다면 부처님께서는 그보다 먼저 그와 똑같은 말을 했으며, 바로 그러한 사실을 모든 현상 분석의 근거로 삼아왔다는 점에서 과학을 앞지르고 있습니다. 심리학자, 신경학자, 생물학자가 사람 속에 불멸의 영혼이라는 것이 없다고 말한다면, 부처님은 이천오백년 전에 이미 그러한 사실을 발견하셨습니다. 과학자가 창조주로서의 신을 믿을 근거가 전혀 없다고 말한다면, 그것은 불교의 핵심적인 교리를 확인하는 것에 지나지 않는 것이 됩니다. 가장 진보적인 사상가들이 – 현재 그러한 경향이 있듯이 – 마음 또는 마음의 활동이 어떤 방식으로든지 생명 현상을 추동하는 배후의 힘이라는 것을 믿는다면, 그것은 불교가 항상 주장해 온 영원한 진리 중의 하나와 만난 것이 됩니다. 부처님께서 "마음이 모든 현상에 앞서며 마음이 모든 현상을 주재하고 또 만들어낸다.*Mano pubbaṅgamā dhammā, manoseṭṭhā, manomayā*"[4]라고 말씀한 바 있기 때문입니다. 모든 현상을 지어내는 것은 사람의 정신 작용입니다. 그리고 그 지어지는 행위는 순간에서 순간으로 계속 이어져 나갑니다. 우리의 행위를 낳는, 행위 하고자 하는 마음속의 의도가 곧 업*kamma*입니다. 만약 그 마음속의 의도가 부도덕한 상태의 것이면, 그에 대한 과보로 인해서 그 후의 의식 상태가 괴로움으로 가득 차게 됩니다. 그러나 만약 마음속의 의도가 도덕적이고 그 행위가 선하고 유익한 것이면, 그 후의 의식상태도 행복한 것이 됩니다. 달리 말하면, 선한 행위는 그 결과로서 좋은 여건을 낳고, 그러한 여건에 따른 즐거운 의식 상태가 됩니다.

이렇게 우리는 업과 보의 과정을 통해 스스로의 힘으로 이 세상을 좋게 혹은 나쁘게 만듭니다. 진실로, 삶은 우리가 스스로 만드는 그대로입니다. 이런 연유로 불교는 우

4 《법구경》 1 게송.

리에게 구원을 위해서 바깥에서 구원자를 찾을 것이 아니라 전적으로 자기 자신의 노력에 의지하라고 합니다. 그것은 우리 자신 뿐 아니라 모든 존재의 이로움을 위해서 우리가 저 막강한 마음의 힘을 어떻게 이용하느냐 하는 것을 가르치는 마음의 과학입니다. 불교가 심오한 심리학적 체계인 아비담마*Abhidhamma*에 그렇게도 큰 비중을 두는 까닭이 여기에 있습니다. '아비담마'라는 말은 '최상승법最上勝法'이라는 뜻이며, 이 체계는 의식의 모든 상태를 정밀하게 분석하고 있는 바, 자기통찰과 자기통제로 나아가는 완벽한 길〔道〕입니다. 아비담마는 마음의 기본 원리를 다루고 정신작용을 도덕적 가치의 보편적 체계와 연관시켜 설명하기 때문에 현대 서양 심리학보다 훨씬 앞서 있습니다. 서양의 정신 분석학자는 도덕적 가치에 대해서는 관심을 가지지 않는데 바로 이 점이 서양 심리학의 부족한 점이라 하겠습니다. 사실상 정신분석학자는 인간의 상상 범위 바깥에도 도덕적 가치가 있는 것인지를 미심쩍어 하기 때문입니다. 이들은 옳고 그름의 문제에 대해서 아무런 지표도 제시할 능력이 없습니다. 그러나 불교는 도덕성이 인과 법칙의 필수적 요소임을 보임으로써 정신 활동과 윤리적 법칙 사이의 관계를 설명합니다.

인과 법칙은 우리의 사고방식과 그 사고에 뒤따르는 행위에 의해 정해집니다.

과학은 어떤 현상의 원인이 무엇인지를 밝히는 일을 합니다. 불교도 마찬가지입니다. 그러나 불교는 그 원인을 어떻게 다스려서 더 좋은 결과를 낳게 할 수 있느냐 하는 것을 보여주고 있다는 점에서 과학보다 한 걸음 더 나아가고 있습니다. 마음이 모든 현상의 한 가운데에 있다고 보는 점에서 불교는 유물론의 반대편 끝에 있지만 불교가 내 보이는 물리적 세계의 그림은 현대과학의 그것과 정확히 일치합니다. 이러한 사실은 모든 지성인의 주의를 끌어 마땅할 만큼 참으로 놀라운 것입니다. 부처가 아무런 현대 과학적 지식의 도움이 없이, 순전히 직접적인 통찰만으로 이천오백 년 전에 우주의 본질을 헤아릴 수 있었다는 것은 그에게 깨달음이 있었다는 증거입니다. 세계 역사상 그 어느 종교의 스승도 이런 깨달음을 이룬 적이 없습니다.

물리학이 결코 사람들에게 위안을 주거나 평안을 향한 심경의 변화를 가져올 수 없을 때, 불교는 그 두 가지를 다 합니다. 불교는 사람들의 지성과 감성을 똑같이 만족시킬 뿐 아니라, 합리적이고 입증 가능한 믿음에 바탕을 둔 희망을 줍니다. 불교도에게는 믿음과 합리성 중에서 하나를 선택해야 하는 문제 같은 것은 없습니다. 지존이신 부처님을 따르는 우리의 믿음은 이성적이며, 이성은 우리의 믿음을 확인해 줍니다.

인간이 처한 상황을 한층 발전된 오늘의 모든 지식에 비추어 다시 살펴보고서 이 우주 안에서의 인간의 모습, 인간의 기회가 어떤 것인지에 대한 믿을 수 있는 희망적인 모습을 그리는 것이 가능할까?

바로 이러한 그림을 그릴 수 있게 하는 것이 불교입니다. 인간의 자기만족을 혼란시키고, 인간의 이기심과 어긋나기 때문에 수용하기 싫어하는 사실들까지를 포함하여 과학이 밝힌 모든 사실을 받아들이고, 과학과 마찬가지로 인간의 생명을 우주가 지어낸 무한한 현상들 중의 한 조각에 불과한 것으로 보면서도 불교는 인간의 생명과 인간의 노력에 가능한 한 최고의 가치를 부여합니다.

이 거대한 우주 현상 속의 하잘 것 없는 존재인 듯하지만 만약 스스로 자기 자신의 주인이 될 수만 있다면 인간은 실로 우주의 주인이라는 것을 불교는 보여주고 있습니다. 파스칼은 사람이란 존재는 비록 맹목적인 자연의 힘에 의해 부서진다 할지라도 자연의 힘이 무엇인지 이해하고 있다는 점에서 자연보다 우위에 있는 까닭에 자연의 힘보다 더 위대하다고 보았습니다. 사람은 사리분별력이 있어서 진리를 다시 한 걸음 더 밀고 나아가 자기가 처한 상황을 통제할 수 있다는 것을 불교는 보여주고 있습니다. 인간은 자기가 처한 상황에 짓눌리지 않고 자연의 법칙을 이용해서 스스로를 향상의 길로 이끌 수 있습니다. 부처는 "비구들이여, 감각능력과 의식을 갖춘 이 한 길 몸뚱이 속에 세상과, 세상의 기원, 세상의 소멸, 그리고 세상의 소멸에 이르는 길이 있음을 나는 천명하노라."라고 말씀하셨습니다. 외부세계의 정복은 바깥세계에서 이루어지는 것이 아니라 자신 속에서 이루어집니다.

과학에 의해 최근에 드러난 새로운 사실이나 과학이 확신하고 있는 것들을 잠시만 살펴보아도, 사람은 우주가 만들어낸 피조물이며, 우주에 의해서 운명지어져 있고, 그 우주로부터 정신이 주어짐으로써 유한한 방법으로 전체를 이해하며, 무한한 우주가 꾸리는 우주 전개의 거대한 설계에 창조적으로 또 의식적으로 세세히 파고들 수 있

다는 것이 드러나지 않았는가?

불교에서라면 절대로 나올 수 없는 엄청난 모순이 여기에 있습니다. 맹목적이고 비인격적이며 정신이라는 것이 없는 우주에 의해 창조된 인간이 그런 우주로부터 정신을 부여받을 수는 없습니다. 정신이란 것이 없으면서 우주가 어떻게 그 창조물에 정신을 줄 수가 있겠습니까? 더구나 정신이란 것이 유한한 것이라면 어떻게 전체를 이해하며, 무한한 우주가 꾸리는 '우주 전개의 거대한 설계가 무엇인지를 어떻게 창조적으로 또 의식적으로 세세히 파고들' 수 있겠습니까? 도대체 '우주 전개의 거대한 설계'라는 것이 무엇입니까? 이 우주에, 앞에서 언급한 바 있는 맹목적이고 무엇인가를 찾아 헤매기만 하는 갈애 말고 또 다른 목적이 있다는 증거가 어디에 있습니까? 과학은 인간에 대해서 무심한 우주의 모습을 그리고 있다는 것을 우리는 보아 왔습니다. 그렇다면 우주가 가지고 있을 수도 있는 그 설계가 어떠한 것이든 간에 인간이 거기에 참여할 가능성이 과연 있겠습니까? 이에 대해 과학자는 단순히 이 문제는 인간의 하찮은 자만의 또 다른 예에 불과하다고 답변할 것입니다.

인간의 이런 저런 노력이 우주의 관심을 끌 수 있다고 가정할 까닭이 있습니까? 이때 '우주'라는 말은 '신'이라는 말 대신으로 쓰이고 있는 것이 분명합니다. 어떤 목적을 가지고 있는 우주라는 것은 유신론에서 말하는 '신'의 개념과 동일합니다. '신이 전개하는 설계'라는 유신론적 개념은 인간에게 어떤 희망, 영생에 대한 희망 같은 그런 희망을 주지만, 어느 민족, 어느 인종에도 아무런 배려를 하지 않을 것이 분명한, 맹목적이고 비인격적인 우주의 힘이 전개하는 '설계'라는 개념은 그러한 희망을 가지게 하지 않습니다. 요원한 어느 미래의 우주가 완전한 인간애를 갖추리라고 예기하고 기대를 하는 사람들은 이러한 생각에 만족할 수 있을지 모르나 그 때는 이미 그들 자신은 완전히 소멸해 없어져 있을 것이고, 대다수의 사람들에게 있어서 이런 생각은 더 나은 삶을 향한 영감의 원천이 될 수 없을 것입니다. 개미 군단을 이루는 개미 한 마리 한 마리는 물에 빠져죽어서 동료 개미들을 위한 물 위의 다리가 되는 것에 만족할 수 있을지 모르나 인간은 개미가 아닙니다. 사람들은 일반적으로 자기의 삶이 의미와 목적이 있기를 원하지 자기의 먼 후손을 위한 확실치 않은 목표, 그것을 위한 디딤돌이 되기를 원치 않습니다. 좌우간,

생물학적 과정에 의한 인격의 완성은 현재로서는 그 가능성이 조금도 보이지 않습니다. 과학은 진화가 꼭 그런 방향으로 이루어지지 않는다는 것, 진보만이 아니라 퇴보를 낳기도 한다는 것을 보여주고 있습니다. 어떤 종種은 지구상에서 완전히 사라지기도 했습니다. 우리도 그렇게 사라지지 않으리라는 보장을 과학이 해 주고 있습니까? 과학의 힘이 인류의 소멸을 막을 수 있겠습니까?

과학은 절대로 그렇게 하지 못합니다. 삶에 대한 이런 견해는 결코 인간의 열망을 충족시켜 주거나 고통스러운 인류에게 위안과 도움을 주지 않습니다. 이제 마지막 질문에 답을 해야 할 때가 되었습니다.

과학이 새롭게 해석한 사실을 정직하게 바라봄으로써 감격적인, 구원을 주는, 희망에 찬 확신을 얻을 수 있을까?

불교의 관점에서 성찰한다면 과학이 새롭게 해석해낸 사실들로부터 우리는 감격적이고, 구원을 주는, 희망에 찬 확신을 얻어 낼 수 있습니다. 다른 길은 없습니다. 현실에 대한 과학의 새로운 해석에는 고따마 붓다의 가르침에 들어있지 않은 새로운 진리도 없으려니와 더 확실한 것도 없습니다. 지금까지 이야기한 것을 다시 요약하면 다음과 같습니다.

불교는, 과학이 이미 그 허구를 논파한 창조주로서의 신, 영원불멸하는 영혼, 초자연적인 구원 설계, 또는 역사 속의 한 시점이나, 어느 특정 지역에서 어느 개인이나 특수 집단의 사람들을 선택하기 위한 '계시' 따위와 같은 상식화된 종교적 교리에 근거를 두고 있지 않습니다. 사람이 다른 생물에는 없는 불변하고 불멸하는 요소를 가졌기 때문에 다른 생명체와는 다른, 특별한 창조물이라는 주장을 불교는 하지 않습니다. 또한 이 세상에서의 불행과 고통을 설명하기 위해 '원죄' 신화와 같은 어떤 신화도 필요로 하지 않습니다.

이 부분은 불교와 과학의 관점이 일치하는 것입니다. 이 밖에도 불교와 과학적 견해가 일치하는 것들이 많습니다. 예를 들면, 생명을 포함한 모든 현상들은 에너지의 흐름이라는 것, 생물학적 진화와 정신적 진화 사이의 상응관계, 갈애 또는 '생존 충동'이 진화를 유발하는 요인이라는 진리, 지구가 생명을 낳고 키울 수 있는 유일한 행성이 아니라는 사실, 인류와 동물은 모든 종種과 종 사이의 차이와 마찬가지로 오로지 질적인 면에서만 서로 차이가 있는 것이지 다른 근원적인 차이가 없다는 진리, 비록 우주는 정신이란 것이 없지만 그 배후에서 작용하는 힘은 정신에 상응하는 활동이라는 견해 등이 그러한 것들입니다.

앞에서 말했듯이 우주란 사람이 정신적 활동으로 만들어내는 것이라고 불교는 설명하고 있습니다. 성주괴공成住壞空의 순환으로 이어지는 세계 하나하나는 과학이 물리적인 것이라 일컫는 자연적 원인과 이전에 살았던 존재들의 업력, 이 둘의 결합으로 생겨나고 지탱됩니다. 과학이나 마찬가지로 불교 역시 인과관계에 바탕을 두고 있습니다.

바로 여기에 인류를 위한 최대의 희망이 있습니다. 불교는 도의에 합당한 노력과 정신의 향상을 위한 긍정적이고 이성적인 동기를 부여합니다. 어떤 다른 종교에서도 이러한 것을 찾아볼 수 없습니다. 이것은 신과 같은 초자연적인 동기에 의거하지 않고 도덕률의 우월성을 주장하는 것입니다. 불교는 인과법칙에 불공정함이 없다는 것을 보여 주면서 동시에 과거의 잘못된 행위의 결과로 고통을 받는 사람들에게 자비를 베푸는 것이 더 높은 정신적 질서를 증장시키는 것이라는 가르침을 줍니다. 우리가 자기 것이나 남의 것이나 과거의 업을 없앨 수는 없지만, 그러한 업의 결과로 겪는 고통을 줄이거나 시각장애나 지체장애 같은 업보로서의 신체장애를 보정補整하는 데 도움은 줄 수 있습니다. 그렇게 함으로써 우리는 미래에 유익한 결과를 가져올 수 있는 좋은 업을 짓는 것입니다.

불교는 고대로부터의 기본덕목인 자애와 연민을 가르칩니다. 자비가 없는 우주에 자비의 마음을 불어넣는 것은 인간 자신입니다. 그리고 그 어느 것보다도 우선해야 할 것은 열반에 이르기 위한 최선의 노력과 더없는 열망입니다. 그렇다고 세속적인 향상을 단념해야 하는 것은 아닙니다. 그러한 향상은 법을 따름으로써 달성할 수 있는 것이기 때문입니다. 설사 이 세상에서의 조건이 인간의 탐욕貪慾, 진에瞋恚, 치암癡暗으로 인해 가망이 없어 보인다 할지라도 임시 피난처라고 할 수 있는 더 높은 주처들이 있고, 영원한 평화, 곧 열반이라는 최종적이고, 불변하는 확실한 귀의처가 있습니다. 그런데 이 귀의처는 스스로 청정해지려는 개개인의 노력으로만 얻어질 수 있습니다.

이것이 이 회의에 참여한 분들께 제가 불교의 이름으로 드리는 희망의 메시지입니다. 부처님의 위대한 가르침은 모든 시대, 모든 사람들을 위한 것입니다. 이 가르침은 어지러운 이 세상에 평화와 행복과 번영이 있을 수 있게 합니다. 수백만 불교도의 변변찮은 대변인으로서 저는 이해력과 선의를 지닌 여기 계신 모든 분들께 간곡히 말씀드립니다. 제가 말씀드린 것을 마음속으로 가늠해 보시고, 그것이 얼마나 진실되고 합리적이며 유익한지를 여러분 스스로가 판단해주시기 바랍니다. 부처님께서 원하신 것도 바로 이것이었을 것입니다.

모든 존재가 다 행복하기를!

〈고요한소리〉는

- 붓다의 불교, 붓다 당신의 불교를 발굴, 궁구, 실천, 선양하는 것을 목적으로 설립되었습니다.
- 고요한소리 회주 활성스님의 법문을 '소리' 문고로 엮어 발행하고 있습니다.
- 1987년 창립 이래 스리랑카의 불자출판협회BPS에서 간행한 훌륭한 불서 및 논문들을 국내에 번역 소개하고 있습니다.
- 이 작은 책자는 근본불교를 중심으로 불교철학·심리학·수행법 등 실생활과 연관된 다양한 분야의 문제를 다루는 연간물連刊物입니다. 이 책들은 실천불교의 진수로서, 불법을 가깝게 하려는 분이나 좀 더 깊이 수행해보고자 하는 분에게 많은 도움이 될 것입니다.
- 이 책의 출판 비용은 뜻을 같이하는 회원들이 보내주시는 회비로 충당되며, 판매 비용은 전액 빠알리 경전의 역경과 그 준비 사업을 위한 기금으로 적립됩니다. 출판 비용과 기금 조성에 도움주신 회원님들께 감사드리며 〈고요한소리〉 모임에 새로이 동참하실 회원을 기다리고 있습니다.
- 〈고요한소리〉 책은 고요한소리 유튜브(https://www.youtube.com/c/고요한소리)와 리디북스RIDIBOOKS를 통해 들으실 수 있습니다.

• 〈고요한소리〉 회원으로 가입하시려면,
이름, 전화번호, 우편물 받을 주소, e-mail 주소를 〈고요한소리〉 서울 사무실에 알려주십시오.
(전화 02-739-6328, 02-725-3408)
• 회원에게는 〈고요한소리〉에서 출간하는 도서를 보내드리고, 법회나 모임·행사 등 활동 소식을 전해드립니다.
• 회비, 후원금, 책값 등을 보내실 계좌는 아래와 같습니다.

국민은행 006-01-0689-346
우리은행 004-007718-01-001
농협 032-01-175056
우체국 010579-01-002831
예금주 (사)고요한소리

마음을 맑게 하는 〈**고요한소리**〉 도서

금구의 말씀 시리즈

하나 염신경念身經

소리 시리즈

하나 지식과 지혜
둘 소리 빗질, 마음 빗질
셋 불교의 시작과 끝, 사성제 - 四聖諦의 짜임새
넷 지금·여기 챙기기
다섯 연기법으로 짓는 복 농사
여섯 참선과 중도
일곱 참선과 팔정도
여덟 중도, 이 시대의 길
아홉 오계와 팔정도
열 과학과 불법의 융합
열하나 부처님 생애 이야기
열둘 진·선·미와 탐·진·치
열셋 우리 시대의 삼보三寶
열넷 시간관과 현대의 고苦
- 시간관이 다르면 고苦의 질도 다르다
열다섯 담마와 아비담마 - 종교 얘기를 곁들여서

열여섯 인도여행으로 본 계·정·혜

열일곱 일상생활과 불교공부

열여덟 의意를 가진 존재, 사람 - 불교의 인간관

열아홉 바른 견해란 무엇인가 - 정견定見

스물 활성스님, 이 시대 불교를 말하다

스물하나 빠알리 경, 우리의 의지처

스물둘 윤회고輪廻苦를 벗는 길 - 어느 49재 법문

스물셋 윤리와 도덕 / 코로나 사태를 어떻게 볼 것인가

스물넷 산냐[想]에서 빤냐般若로
- 범부의 세계에서 지혜의 세계로

<u>법륜 시리즈</u>

하나 부처님, 그분 - 생애와 가르침

둘 구도의 마음, 자유 - 까알라아마 경

셋 다르마빨라 - 불교중흥의 기수

넷 존재의 세 가지 속성 - 삼법인(무상·고·무아)

다섯 한 발은 풍진 속에 둔 채
- 현대인을 위한 불교의 가르침

여섯 옛 이야기 - 빠알리 주석서에서 모음

일곱 마음, 과연 무엇인가 - 불교의 심리학적 측면

여덟 자비관

아홉 다섯 가지 장애와 그 극복 방법

열 보시

열하나 죽음은 두려운 것인가

열둘 염수경 - 상응부 느낌편
열셋 우리는 어떤 과정을 통하여 다시 태어나는가
- 재생에 대한 아비담마적 해석
열넷 사리뿟따 이야기
열다섯 불교의 초석, 사성제
열여섯 칠각지
열일곱 불교 - 과학시대의 종교
열여덟 팔정도
열아홉 마아라의 편지
스물 생태위기 - 그 해법에 대한 불교적 모색
스물하나 미래를 직시하며
스물둘 연기緣起
스물셋 불교와 기독교 - 긍정적 접근

보리수잎 시리즈

하나 영원한 올챙이
둘 마음 길들이기
셋 세상에 무거운 짐, 삼독심
넷 새 시대인가, 말세인가 / 인과와 도덕적 책임
다섯 거룩한 마음가짐 - 사무량심
여섯 불교의 명상
일곱 미래의 종교, 불교
여덟 불교 이해의 정正과 사邪
아홉 관법 수행의 첫 걸음

열	업에서 헤어나는 길
열하나	띳사 스님과의 대화
열둘	어린이들에게 불교를 어떻게 가르칠 것인가(절판)
열셋	불교와 과학 / 불교의 매력
열넷	물소를 닮는 마음
열다섯	참 고향은 어디인가
열여섯	무아의 명상
열일곱	수행자의 길
열여덟	현대인과 불교명상
열아홉	자유의 맛
스물	삶을 대하는 태도들
스물하나	업과 윤회
스물둘	성지 순례의 길에서
스물셋	두려움과 슬픔을 느낄 때
스물넷	정근精勤
스물다섯	큰 합리주의
스물여섯	오계와 현대사회
스물일곱	경전에 나오는 비유담 몇 토막
스물여덟	불교 이해의 첫 걸음 / 불교와 대중
스물아홉	이 시대의 중도
서른	고苦에 어떻게 대응할 것인가
서른하나	빈 강변에서 홀로 부처를 만나다
서른둘	병상의 당신에게 감로수를 드립니다
서른셋	해탈의 이정표

This translation was possible
by the courtesy of the Buddhist Publication Society
54, Sangharaja Mawatha P.O.BOX 61
Kandy, Sri Lanka

법륜 · 열일곱
불교 - 과학시대의 종교

2008년 7월 30일 초판 1쇄 발행
2021년 6월 10일 초판 4쇄 발행

지은이 우 찬 툰
옮긴이 남기심
펴낸이 하주락 · 변영섭
펴낸곳 (사)고요한소리
등록번호 제1-879호 1989. 2. 18.
주 소 서울시 종로구 인사동길 47-5 (우 03145)
연락처 전화 02-739-6328, 725-3408 팩스 02-723-9804
부산지부 051-513-6650 대구지부 053-755-6035
대전지부 042-488-1689
홈페이지 www.calmvoice.org
이메일 calmvs@hanmail.net

ISBN 978-89-85186-75-9

값 1000원